novum **pocket**

Gisela Wolters-Sajn

Freiheitsgesang

Die unblutige Revolution

achtteiliges Gedicht

Fotodokumentation zur Dichtung von
Dieter Kuhn

novum pocket

Bibliografische Information
der Deutschen Nationalbibliothek:

Die Deutsche Nationalbibliothek
verzeichnet diese Publikation in der
Deutschen Nationalbibliografie.
Detaillierte bibliografische Daten
sind im Internet über
http://www.d-nb.de abrufbar.

Alle Rechte der Verbreitung, auch
durch Film, Funk und Fernsehen, fotomechanische Wiedergabe, Tonträger, elektronische
Datenträger und auszugsweisen
Nachdruck, sind vorbehalten.

Gedruckt in der Europäischen Union
auf umweltfreundlichem, chlor- und
säurefrei gebleichtem Papier.

© 2022 novum Verlag

ISBN 978-3-903382-88-6
Umschlagfoto, Umschlaggestaltung:
Gisela Wolters-Sajn
Layout & Satz: novum Verlag
Innenabbildungen: Dieter Kuhn;
Gisela Wolters-Sajn
Autorenfoto: Gisela Wolters-Sajn

Die von der Autorin zur Verfügung
gestellten Abbildungen wurden in
der bestmöglichen Qualität gedruckt.

www.novumverlag.com

Zum Gedenken an den Mauerfall

und die Wiedervereinigung Deutschlands

Bucheinband ist gestaltet von Gisela Wolters-Sajn

Vorwort

Dieses Taschenbüchlein wurde gestaltet zur Erinnerung an den Mauerfall und die Wiedervereinigung Deutschlands.

Der Inhalt ist ein 8teiliges Freiheitsgedicht.
Die Strophen sind geeignet für eine Vertonung, für Musiker oder Sänger, die für das Thema ‚Unblutige Revolution' Interesse haben, den Text musikalisch zu gestalten. Die Refrain-Variabilität ist gedacht für den sich wiederholenden Ausklang der einzelnen Strophen. Die sich zurückhaltenden Fotos könnten als Hintergrundbilder für eine musikalische Aufführung dienen.

14 Fotos zeigen die einstige Grenzbefestigung mit Umgebung, ein Foto mit Erinnerungskreuzen der Mauertoten und ein derzeitiges Foto vom Brandenburger Tor als Symbol der Wiedervereinigung.

Gisela Wolters-Gajn

Inhaltsverzeichnis

Vorwort 7

Der Freiheitswille 11

Eine bittere Erfahrung 12

Das geistige Erwachen 13

Der Ruf nach Freiheit 14

Die Ratlosigkeit der Bürger 15

Die Völkerverständigung 16

Des Volkes Aufgabe 17

Refrain 18

Der Freiheitswille

Vorgetragen werden Gedichte
über eine wahre Geschichte --
Da war einmal eine Gitarre,
die war geschaffen ganz bizarre.
Ein Sänger hatte sie in Besitz,
komponierte darauf seine Hits.
Der wohnte in seinem Heimatland,
das dieser mit sich sehr stark verband.
Er schrieb die Texte hin und wieder,
und trug vor seine neuen Lieder.
Nun machte ihm besonders Schmerzen
und lag ihm sehr schwer auf dem Herzen,
dass sein Volk, das so sehr geschwächte,
war okkupiert durch Siegermächte.
Bewusstsein und Intuition,
war Grund seiner Komposition.
Dann Inspiration aus dem Leben
hatte sein Gesamtwerk ergeben.
Er rief sein Volk im Land zur Einheit.
Das Motiv der Schöpfung war Freiheit.

Eine bittere Erfahrung

Die Vergangenheit trug die Spuren
von Jahrzehnte langen Torturen. –
Wie nun sich ein jeder denken mag,
ward dem Land ein neuer Schicksalsschlag.
Denn gleich nach des Krieges Verheerung
folgte freiem Aufbau Verwehrung.
So wurde ins Land ganz ungeniert
ein Herrscher von Auswärts transportiert.
Der baute ringsum eine Mauer,
stürzte das Volk in große Trauer
und zeigte ein schlimmes Gebaren:
Keiner konnte in Freiheit fahren
wohin er auch nur fahren wollte,
da niemand mehr ausrücken sollte.
Um sein Vorhaben noch zu stützen,
platzierte er dort seine Schützen,
dass niemand mehr das Land verließe,
ein jeder auf den Flüchtling schieße.
Daher erlebte das Volk dort nie
ein Leben unter Demokratie.

Das geistige Erwachen

Durch eine lange, fremde Herrschaft
verlor das Volk Übersicht und Kraft.
Der Künstler sah diese Misere,
schuf Musik, damit er ihr wehre
und brachte nun den Menschen Kultur,
wobei so mancher durch ihn erfuhr:
Was dem Herrscher war die harte Nuss.
Freiheit ist für die Kunst ja ein Muss!
Die Kunst konnte sich nicht abriegeln,
fing an die Wirklichkeit zu spiegeln.
Hob in das Licht die dunkle Gestalt
und beschrieb des Despoten Gewalt,
die er verübte an Personen,
ohne auch nur einen zu schonen.
Viele landeten hinter Gitter.
So zog auf mit ihm ein Gewitter.
Rechte Bürger traf ein Gepolter,
im Gefängnis auch oft die Folter.
So gab es im Lande weit und breit
unter den Bewohnern sehr viel Leid.

Der Ruf nach Freiheit

Dem Sänger war Freiheit sehr wichtig,
alles andere völlig nichtig,
sang Texte über freies Leben,
das seinem Volk ward nicht gegeben.
Mit der Gitarre ging er Strecken,
um sein Volk mit Musik zu wecken,
mit Wahrheit, die er klar benannte,
so seine Meinung jeder kannte.
Er stellte hin sich auf die Bühne,
sang und spielte überaus kühne
vom Leben, das so wert zu leben.
Das hatte ein Echo ergeben
bei Menschen, die nun nicht mehr schliefen
und sich hinstellend ‚Freiheit!' riefen.
Alle spürten, es gehe um mehr,
setzten sich nun gemeinsam zur Wehr,
demonstrierten offen mit Knirschen
und fanden großen Halt in Kirchen.
Sie sahen, dass immer mehr kamen,
so standen sie ganz fest zusammen.

Die Ratlosigkeit der Bürger

Der Herrscher war von Lügen trächtig,
wähnte sich über alle mächtig.
Im Ganzen sagte er nur wenig,
doch dieses: ‚Die Mauer bleibt ewig!',
und schob den Freiheitssänger im Trab,
aus seinem Reich fast unbemerkt ab,
bürgerte ihn als Störenfried aus.
Für manchen war dies wahrlich ein Graus.
Die Bürger spürten Unbehagen,
und stellten sich so manche Fragen:
‚Wie soll es denn so weitergehen?
Es muss kurzum etwas geschehen!'
Die Wirtschaft ging allseits hernieder.
Ein Aufschwung darin kam nicht wieder.
Vieles Geschaffene war zerstört.
So mancher war darüber empört,
wünschte sich mehr Wohlstand im Lande,
Städte in besserem Gewande.
Es machte sich nun überall breit
die allgemeine Ratlosigkeit.

Die Völkerverständigung

Es kam ihnen dies nun in den Sinn:
zu fliehen. Aber wie und wohin?
Das Volk in seiner Seele empfand:
Es müsste gehen aus seinem Land.
Ins Ausland zogen Menschenscharen.
Alle meinten: Es sei zu wahren
das Gesicht vor der gesamten Welt,
von jedem, der etwas auf sich hält.
Oststaaten ließen hindurchreisen,
versuchten die Wege zu weisen.
Sie entschieden sich es zu wagen,
dieser Bürger Bürde zu tragen.
So kamen viele dann irgendwann
in der so ersehnten Freiheit an.
Ein mächtiger Oststaat nahm die Zügel
vom Volk ab, das erlitt viel Prügel.
Er war für einen Zusammenschluss.
und nahm so weg des Volkes Verdruss.
Der kalte Krieg war nun verschwunden.
Die Völker sahen sich verbunden.

Des Volkes Aufgabe

In der Heimat gab es nun Klänge:
Zeit sich zu befreien, keine Zwänge!
In Schwung gekommen und ganz hell wach
ging das Volk dem Komponisten nach.
‚Die Mauer muss weg!' war ihr Schreien,
um das Land mit Macht zu befreien.
Als das Land sich anfing zu leeren,
konnte der Herrscher dem nicht wehren.
Dann hatte er sie vor Augen schon:
Die unblutige Revolution.
Es geschah gleich einem großen Knall.
Das starke Mauerwerk kam zu Fall.
‚Wir sind das Volk!', so war ihr Rufen,
wussten, dass sie neuen Staat schufen,
als Bürger von einem freien Land,
das die Menschen wieder an sich band.
Die Aufgabe war dem Volk gestellt.
Der Zusammenschluss war nun gefällt.
Im Vordergrund steht jetzt die Kultur:
Zusammenzuwachsen gilt es nur!

Refrain

*Wenn das Volk hat seinen Hang
zur Freiheit und nicht zum Zwang,
löst es sich aus den Klauen,
die hindern aufzubauen
sein Land und seine Kultur.
Was heißt: Das ist Friede pur.*

*Es geht nicht allein um Brot.
Zusammenstehen tut Not.
Es fällt die falsche Brille
ist hierfür auch der Wille.
So Geschichte am Ende
Vorsehung einer Wende.*

*Unverstand ist schlecht.
Zu sehen ist nur das Recht.
Menschen sollen sich freuen.
Den Schritt vor nicht bereuen.
Das Schicksal sei nicht beklagt,
sondern Umwälzung gewagt.*

Niemand komme zu Schaden,
wenn neuer Geist geladen
in den Köpfen der Leute
für Besseres noch heute.
Frohlocken soll erklingen,
um Gutes zu erbringen.

Wenn gewünscht aller Eintracht,
was Leben angenehm macht,
bringt dann hervor durch Güte
Gemeinsamkeit zur Blüte.
Zu finden den guten Ton:
singen alle ‚Revolution'.

Wenn unblutig sie's wollten,
sind Bürger unbescholten.

Foto-Verzeichnis

1. Warnschild
2. Grenzschild
3. Grenzturm Schönwalde
4. Stacheldraht und Mauer, Richtung Schönwalde
5. Wachturm mit Kontrollhäuschen zur Exklave Erlengrund
6. Staaken, Finkenkruger Weg, Wachhunde im Grenzbereich
7. Blick zur Fernbahnstrecke nach Hamburg
8. Fernbahnstrecke nach Hamburg
9. Abgesperrte Schönwalder Allee
10. Haus hinter der Grenzmauer in Schönwalde
11. Grenzbefestigung mit Panzersperren
12. Brandenburger Tor, Blick von Ost nach West, 80er-Jahre
13. Gedenktafeln für die Mauertoten
14. Pariser Platz mit Brandenburger Tor 2020

Bild 1 – Warnschild

Bild 2 – Grenzschild

Bild 3 – Grenzturm Schönwalde

Bild 4 – Stacheldraht und Mauer, Richtung Schönwalde

Bild 5 – Wachturm mit Kontrollhäuschen
zur Exklave Erlengrund

Bild 6 – Staaken, Finkenkruger Weg,
Wachhunde im Grenzbereich

Bild 7 – Blick zur Fernbahnstrecke nach Hamburg

Bild 8 – Fernbahnstrecke nach Hamburg

Bild 9 – Abgesperrte Schönwalder Allee

Bild 10 – Haus hinter der Grenzmauer in Schönwalde

Bild 11 – Grenzbefestigung mit Panzersperren

Bild 12 – Brandenburger Tor,
Blick von Ost nach West, 80er-Jahre

Bild 13 – Gedenktafeln für die Mauertoten

Bild 14 – Pariser Platz mit Brandenburger Tor 2020

Die Autorin

Gisela Wolters-Sajn wurde 1930 in Deutschland, Berlin geboren. Als diplomierte Bildhauerin und Malerin war sie selbständig künstlerisch tätig. Ihre besondere Stärke liegt in ihren plastischen Portraits. Ihre Malerei schuf sie in den unterschiedlichsten Techniken.

Sie gab Kunstunterricht in Tschechien an der Prager Kunst-Volksschule und Französischen Diplomatenschule in Prag, privat den Töchtern des kambodschanischen Prinzen Sihanouk, sowie in der Schweiz, Zürich am Literargymnasium und dortigen Evangelischen Lehrerseminar. Darüber hinaus erschuf sie eine CopyART-Lichttechnik. Auf der Buchmesse in Frankfurt a/M wurde sie Preisträgerin für digitale Kunst. Sie entwickelte Digitales in höchster Präzision. Ihr Gewicht legt sie auf Schriftstellerei, besonders auf Lyrik. Von ihr sind die Taschenbücher bekannt: die ‚Roboterwelt' und ‚Technik digital'. In vielen Ländern stellte sie in Ausstellungen ihre beeindruckende und vielseitige Kunst vor.

novum VERLAG FÜR NEUAUTOREN

Der Verlag

*Wer aufhört
besser zu werden,
hat aufgehört
gut zu sein!*

Basierend auf diesem Motto ist es dem novum Verlag ein Anliegen, neue Manuskripte aufzuspüren, zu veröffentlichen und deren Autoren langfristig zu fördern. Mittlerweile gilt der 1997 gegründete und mehrfach prämierte Verlag als Spezialist für Neuautoren in Deutschland, Österreich und der Schweiz.

Für jedes neue Manuskript wird innerhalb weniger Wochen eine kostenfreie, unverbindliche Lektorats-Prüfung erstellt.

Weitere Informationen zum Verlag und seinen Büchern finden Sie im Internet unter:

w w w . n o v u m v e r l a g . c o m